Petra Hahn-Wiechert

Lachen und Weinen

Mein Dank an das Leben

© 2021 Petra Hahn-Wiechert

Verlag & Druck: tredition GmbH, Halenreie
40-44, 22359 Hamburg

978-3-347-41049-7 (Paperback)
978-3-347-41050-3 (Hardcover)
978-3-347-41051-0 (e-Book)

Bibliografische Information der Deutschen Nationalbibliothek:
Die Deutsche Nationalbibliothek verzeichnet diese
Publikation in der Deutschen Nationalbibliografie; detaillierte
bibliografische Daten sind im Internet über http://dnb.d-
nb.de abrufbar.

Dieses Buch widme ich meinem Mann Hervé und unserem Hund Max, der aus dem Tierheim Koblenz in unser Herz gehüpft ist.

Inhalt

Dieses Leben

Dieses Leben, es entgleitet, wo führt der
Weg wohl hin?
Am Scheideweg ich stehe.
So viele Fragen, ohne Antwort,
wohin ich einst mal gehe.

Noch bin ich dankbar für sehr vieles,
doch groß ist auch die Not.
Was kann ich denn genau erwarten,
vor dem sich'ren Tod?

Der noch in weiter weiter Ferne,
mir nicht die Hoffnung nimmt,
weil ich bescheiden und auch dankbar
sehe, was noch stimmt.

Doch Träume sind geboren,
sie rauben mir die Luft,
bestimmen meine Tage,
kommen aus der Gruft.

Sind Träume Schäume oder mehr,
ich möcht' es so gern wissen,
die Antwort schwebt, die Trauer lebt,
ich weine in mein Kissen.

Die Worte helfen, wie so oft,
sie bieten mir ein Hoffen.
Die Lösung liegt in mir allein,
ich bin für vieles offen.

Morgen ist ein neuer Tag,
er wird wie stets geboren,
leise Klänge dringen sanft
nicht nur in meine Ohren.

Musik, Gedichte und die Liebe,
sie sind wie immer wahr,
und werden mich auch weitertragen,
Jahr um Jahr um Jahr.

Seelenschleier

Wenn der Schleier Deiner Seele
traurig wechselt bunt zu weiß,
wenn der Winter Deine Stimme stiehlt,
Dein Lachen wird zu Eis,

wenn die Angst im grauen Anzug
Deine Schritte schwerer macht,
wenn beim Blick in Deinen Spiegel
Dir der Hass entgegen lacht,

wenn Gedanken Trauer tragen,
schweigend sterben, kummervoll,
Lebenslügen Flaggen hießen,
Hoffnung stirbt, Akkord in Moll,

wenn die Augen trübe werden
und Dein Herz beginnt zu schrei'n,
ist es Zeit, nach vorn zu blicken,
Seelenheil in Dir allein.

Leid

Lebend leiden?
Lückenhaft leben?
Leute lästern, lachen, lügen laut.
Liderliche Lippen.
Lange Leere.
Linderung.
Langsam lernen.
Leise Lieder.
Leichtes Licht.
Leuchtende Luft.
Laut lachen.
Leidenschaftlich lieben.
Lange leben.
Leben lassen.
Leid lindern.

Einfach gehen

Raue Hände, Kittelschürze,
Kopf gebeugt, so traf ich Dich.
Leere Augen, graue Haare,
Nacken krumm, die Angst im Blick.

Leise treffen Deine Worte
Splittern gleich mein offen' Herz.
Und Erinnerung wird wach
an den eig'nen Seelenschmerz.

Sieh mich an und glaube mir,
es gibt Wege ohne ihn.
Sie warten nur auf Deine Schritte,
die Dich hin zum Leben führ'n.

Einfach geh'n, den Blick nach vorne,
Rücken gerade, Augen auf.
In dem Spiegel kannst Du sehen
Deinen neuen Lebenslauf.

Denn nur Du kannst Dich verändern,
kannst Dich wehren und versteh'n,
dass Dein Wert nicht unter Null liegt,
einfach gehen, einfach geh'n.

Du

Du bist wertvoll; Du bist immer wertvoll.
Du bist einzigartig; Du bist immer
einzigartig.
Du bist schön; Du bist immer schön.
Manchmal ist schön sein etwas einfacher...
Du bist Du.

Dank

Oh Mensch, der Mensch mich werden ließ,
viele Jahre Seit' an Seit',
der mich kennt, wie kaum ein zweiter,
mich liebt, mich unvollendet Kind.

Mich trägt in der Hölle des Alltags
mein Lachen entzündet im Krieg.
Meine Seele stützt,
meine Kraft fördert,
meinen Mut weckt.

Oh Mensch, der Mensch mich werden ließ,
lies diese Zeilen und hab' Dank.

Armselig

Armselig, wer nicht versteht,
dass Freud' geteilt vervielfacht sich,
dass Missgunst Spuren brennt
in Seelen der Unschuld
und Güte Herzen rettet.

Armselig, wer nicht versteht,
dass Reichtum nicht in Münzen zählt,
dass nur das echte Lachen wärmt
den Motor der Freundschaft,
das Feuer des Seins.

Armselig, wer nicht versteht,
dass Worte, Waffen gleich gewählt,
des Menschen Todessehnsucht wecken.

Dieser eine Moment

Dieser eine Moment,
in dem meine Lieblings-LP einen Kratzer
bekam,
in dem das Fell meines Hundes stumpf
wurde,
in dem die Vanillekipferl nach Sand
schmeckten,
in dem mein Parfum nach Verwesung stank,
in dem das Lachen in tausend Kehlen
erstarrte,
war der Moment, in dem dein Herz
aufgehört hat, zu schlagen.

Dieser eine Moment veränderte meine
Ewigkeit.

In einem Land

In einem Land nach meiner Zeit
wachsen Worte Früchten gleich auf
goldenen Bäumen,
fließen Verse Wellen gleich durch silberne
Gewässer,
sind Gedichte Runen gleich in bronzene
Steine gemeißelt.
In einem Land nach meiner Zeit
bleibe ich erhalten. Im Heute.

Der Abschied naht

Unter dem Apfelbaum in voller Blüte will
ich mich zur Ruhe legen,
eine Weile, eine Weile.

Ich habe meine Initialen in die Rinde geritzt,
für immer, für immer.

Über der Baumkrone winken die Seelen der
Vorausgegangen,
ich eile, ich eile.
In ein Land aus Liebe und Samt,
Euch bleibt ein goldener Schimmer.

Alles Glück der Erde

Alles Glück der Erde
liegt in Deinem Blick,
in Deiner Hand,
die mich streichelt,
in einem Sonnenuntergang am Meer,
den wir gemeinsam erleben.

Alles Glück der Erde
erfüllt mich beim Aufwachen,
wenn mein erster Gedanke Dir gilt
und ich weiß, dass Du auch an mich denkst.
Ich spüre es, wenn ich in einer
Menschenmenge stehe und nur Dich sehe.

Alles Glück der Erde
schenkt mir eine Blume,
die Du geflückt hast,
ihr Duft, ihre Schönheit und ihre Reinheit.
Ein Brief von Dir, der ankommt,
wenn ich mich so sehr nach Dir sehne.

Alles Glück der Erde
wünsch' ich Dir und mir ein Stück.

Als Du kamst

Gerade noch waren meine Gefühle wie ein
Wirbelwind,
meine Gedanken erfüllt von Angst.

Jetzt ist auf einmal alles so still.
Helle Strahlen durchbrechen die Schale,
die meine Seele im Aufruhr der Gefühle
um sich her errichtet hat.

Helle Strahlen der Liebe und des Friedens.
Sie tun mir nicht weh, ich fühle sie
wie einen leisen verliebten Hauch.
Denn Du bist gekommen.

Dein Bild

Freier als ein stolzer Vogel am endlosen
Firmament.
Größer als ein mächtiger Berg mit
schneebedecktem Gipfel.
Schöner als das zarteste Bildnis der Liebe.
Mächtiger als die Wurzeln einer tausend
Jahre alten Eiche.
Strahlender als ein wertvoller
geheimnisumwobener Edelstein.

So sehe ich Dich, Tag für Tag, Stunde um
Stunde, vor meinem Auge.
Ich trage Dein Bild immer bei mir.
Es passt in ein winzig kleines Medaillon in
einer Kette um meinen Hals.

Abschied

Warum schmeckt mein Atem nach Staub?
Graue Wolken ziehen sich am Horizont
zusammen.
Die Luft ist schwül und stickig.
Die Blumen lassen ihre Köpfe hängen.
Sieh' nur, wie träge die Vögel ihre
Schwingen bewegen.
Die Sonne hat sich in das Dunkel verzogen.
Das Wasser im Bach plätschert längst nicht
mehr so fröhlich.
Die Erde atmet schwer.

Und das alles nur, weil Du gegangen bist?
Ja, bist Du denn Leben?
Bist Du so unersetzlich?

Heute ist mein Herz leer ohne Dich.
Vor meiner Netzhaut hat sich die Welt
verändert.
Meine Gedanken kennen nur ein Ziel:
Deine Wärme, Deine Kraft, Deine Liebe.

Aber bist Du es wirklich wert,
dass ich an Dir zugrunde gehe?
In weiter Ferne lüftet sich der
Wolkenschleier

für ein paar junge mutige Sonnenstrahlen.
Ich sehe Licht.

Du bist…

Du bist die Quelle,
aus der ich immer Kraft schöpfen kann,
wenn meine eigene zu erlahmen droht.

Du bist das Licht,
das mir den Weg durch die Dunkelheit
zeigt,
wenn mein Licht mal erloschen ist.

Du bist das Lied,
das ich vor Freude singe,
wenn mein Herz zu klein ist, die Freude zu
fassen.

Du bist die Kammer,
in der ich meine Seele Schlafenlegen kann.

Du bist,
was ich brauche.

Endlich

Vorher waren Träume, Vorstellungen,
Gedanken.
Nun ist es geschehen; es ist endlich
geschehen.
Es war ganz anders.
Schön, aufregend,
die einfachste Sache, die es gibt,
aber sehr kompliziert.
Ewig lange, doch viel zu kurz.
Sturm und tiefe Stille,
Angst und am Ende
nur Glück.

Kind, Mädchen oder Frau?
Ich weiß nicht mehr, wer ich bin.
Der Spiegel kann mir keine Auskunft geben.
Die Augen, Spiegel der Seele,
strahlen sie jetzt heller?
Muss es nicht jeder sehen?
Wirrwarr der Gefühle,
Unsicherheit und Stolz.
Erlebnis für zwei,
doch von Bedeutung nur für mich.
Er wird es vergessen,
ich jedoch niemals in meinem Leben.

Der Traum ist zu Ende geträumt,
wer wird ihn nach mir träumen?

Für Dich

Ich habe lange gesucht, oft meinen Weg
verlassen,
mich umgeschaut nach dem Menschen, zu
dem ich gehören will.

Ich suchte den Vater,
der alle Verantwortung von mir abwälzt
und meine Probleme für mich löst.

Ich suchte den Freund,
der immer zu mir hält und an dessen
Schulter ich mich ausweinen darf.

Ich suchte das Kind,
dessen Schwäche und Unbeholfenheit mich
rührt und das mir blind vertraut.

Ich suchte den Träumer,
für den die Welt eine schillernde Seifenblase
ist und der mir Geschichten von den
Sternen erzählt.

Ich suchte den Clown,
der noch unter Tränen lacht und mir zeigt,
dass unsere Erde nur eine große
Zirkusarena ist.

Ich suchte den Kameraden,
mit dem ich Pferde stehlen und Kirschen
aus Nachbars Garten pflücken kann, der mit
mir durch dick und dünn gibt.

Ich suchte den Geliebten, dessen bloßer
Anblick mein Blut aufwallen lässt und der
mir unvergessliche Stunden beschert.

Und ich suchte auch den Fremden,
in dessen Nähe ich eine Ahnung von der
Ewigkeit habe und der tausend Geheimnisse
in den Abgründen seiner Seele birgt.

Es sollte so sein, dass unsere Wege sich
kreuzen.

Das Geheimnis

Ein Geheimnis liegt in der Luft,
schwebt mit den Vögeln der Sonne
entgegen,
spielt Verstecken mit den Schmetterlingen,
leuchtet am Abendhimmel
mit Mond und Sternen um die Wette.

Es ist ein schönes Geheimnis,
alt wie die Zeit,
neu wie die kleine Blume,
die am Wegesrand erblüht,
ein kostbarer Schatz,
den ich tief in meinem Inneren aufbewahre.

Es bildet einen Schutzwall um mich herum,
niemand kann mir mehr wehtun.
Du sollst wissen,
dass es wertvoll ist,
ein Geschenk,
dass ich noch nie vergeben habe.

Mein Liebling,
gefangen in einem Käfig aus
Sonnenstrahlen,

halte mich ganz fest in Deinen Armen,
ich will dir mein Geheimnis in's Ohr
flüstern.
Ich liebe Dich.

Freund, ich trauere um deine Zukunft,
um die Zeilen, die du nie schreiben wirst,
stehe auf der Brücke und winke dir nach
beim Flug in die Tiefe.
Freund, ich trauere.

Was hast du mir gelassen
außer Angst, dir zu gleichen?
Was hast du mir gelassen
außer Trauer um Ungesagtes?
Was hast du mir gelassen, Mutter?
Der Scherben Glanz.

Behutsame Zärtlichkeit ist die Brücke zur
wahren Liebe; Eifersucht und Begierde
lassen sie einstürzen.

Wenn Träume Zeit zum Reifen haben, ist
das Erwachen Erfüllung.

Träume

Lichter in der Dunkelheit der Nacht,
Halt vor dem Abgrund aus Angst,
Vogel, der dich auf seinen Schwingen
hinüberträgt.
Träume.
Dass ich nie verlerne, zu träumen.

Nachruf

Tote Seele schreit ihren Nachruf in die
Nacht hinaus.
Niemand da, der die Schreie hört?
Sorge, Angst.
Kann nicht mehr.
Wo ist er, der Mensch, den ich Freund
nennen darf?

Keiner da.
Ganz allein.
Einsam in der Menschenmenge.
Nur ich.

Tränen strömen im Straßengraben.
Wohin?
Gibt es ein Ziel?
Irgendwo?
Wo kann ich meine Gefühle Schlafenlegen?

Herz ist krank.
Seele schon tot.
Nachruf, in's Nichts?

Dunkelheit

Die Nacht erfüllt die Zimmer der Menschen
mit Dunkelheit.
Dunkelheit, die manchen Angst macht oder
Geborgenheit gibt, die manchen Freund
oder Feind ist.

Es ist jene Dunkelheit, die mich versteckt
hält, wenn ich vor Sehnsucht nach Dir rufe.

Was ich Dir noch sagen wollte

Deine Augen,
Licht ohne Schatten.

Dein Lachen,
fröhlich, ohne Hintergedanken.

Deine Sprache,
Wärme, Klarheit, ohne Lügen.

Deine Hände,
zärtlich, ohne Brutalität

Dein Geruch,
verführerisch, ohne eine Spur von
Unbehagen.

Dein Körper,
hemmungslos, ohne falsche Scham.

Dein Gesicht,
schön, ohne Eitelkeit.

Was ich dir noch sagen wollte,
Du, allein für mich.

Was ist Glück?

Was ist Glück?
Kann man es sehen?
Anfassen?
Festhalten?
Kann man es riechen?
Fühlen?
Erahnen?

Ist es der erste Sonnenstrahl, der morgens in mein Fenster blickt, mich weckt und mir Freude schenkt?

Ist es das Vogelgezwitscher, das mir nicht als Lärm erscheint, mich nur angenehm aus der Stille führt?

Ist es das Kinderlachen, das ich vor dem Haus höre, unschuldig, rein und klar?

Es ist wohl die Freiheit meines Herzens und meiner Gefühle, die Ruhe meiner Seele, das Wissen, dass ich in Deiner Liebe geborgen bin.

Habe ich erst durch Dich das wahre Glück, mein wahres Glück, gefunden?
Bist Du mein Glück?

Wie ein Blatt im Wind

Frei, leicht, ohne Halt,
wie ein Blatt im Wind.
Gedanken wirbeln durch's Laub,
Gefühle wallen auf und sterben,
sekundenschnell.

Eins und eins gleich eins?
Alleinsein?
Freiheit, ohne Zwänge.
Einsamkeit?
Niemand da, der zuhört,
Dir Kraft gibt.

Siehst du die kleine Wolke am Himmel?
Ich schaue ihr gern zu.
Sie beherrscht nur der Wind.
Berühre mich, ich brauche Deine Hand.
Lass' mich ihren Halt spüren,
sonst schwebe ich wie ein Blatt im Wind.
Weit fort.

Wohin?

Wohin, ohne Dich?
Wo bist Du?
Was denkst Du?
Wen liebst Du?

Angst.
Beklemmende Stille.
Große Leere.
Alles ist sinnlos.
Ohne Dich.

Das Warten zehrt an meinen Nerven.
An meiner Substanz.
Ich brauche Dich.
Brauchst du mich?

Die Bäume stehen schon in Blüte.
Es ist Mai geworden.
Komm', Geliebter, komm' zu mir.
Ich liebe Dich.

Ich denke an Dich

Ich denke an Dich,
wenn die Schwalben am Horizont ihre
Runden drehen,
wenn die Sterne am Abendhimmel ihre
schönsten Bilder malen,
wenn ich im Traum das Rauschen des
Meeres höre,
wenn die Blumen aus ihren Knospen
schlüpfen und im buntesten Kleid
erscheinen,
wenn ich leise Töne der zauberhaftesten
Liebesmelodien höre.

Ich denke an Dich,
wann immer ich das Glück und die
Schönheit in unserer Welt sehe.
Denn wir haben das Glück und die
Schönheit in uns vereint.

Ist das Liebe?

Ist es Liebe,
wenn ich an nichts anderes mehr denken
kann als an Deine Stimme, Deinen Geruch
und die Wärme Deiner Hände?

Ist es Liebe,
wenn ich Deine Nähe spüre, obwohl du
tausend Meilen von mir entfernt bist?

Ist es Liebe,
wenn die Sehnsucht nach Dir so
schmerzhaft ist,
als stünde ich in einem tosenden
Flammenmeer,
als durchbohrte ein spitzer Pfeil mein Herz?

Ist es Liebe,
wenn ich davon träume, dass sich unsere
Wege gekreuzt haben und von nun an nie
mehr trennen werden?

Ist es Liebe,
wenn ich mir wünsche, immer für Dich da
sein zu dürfen?

Der Sternenhimmel leuchtet nur für uns,
er breitet schützend sein Zelt aus.
Ich glaube, wir können fliegen.
Ist das Liebe? Oder nur Verliebheit?
Die Zeit wird es zeigen.

Chris aus dem Topf

Du Mensch, mit langem blondem Fell, machst du mir grad mein Leben hell? Ich brauche Zeit - und Zeit - und Zeit, doch irgendwann bin ich bereit. Ich danke so, wie ich es kann, mit zartem Schnüffeln dann und wann. Dann woll'n wir mal auf Reisen geh'n, vermutlich wird's hier richtig schön!

Auch langes braunes Fell wird hier geboten, der Mensch, der kommt mir ganz schön nah, ich taste sanft mit meinen Pfoten die kleinen Gaben hier und da. Im Topf, da bin ich noch geborgen, in meinem Köpfchen grübelt's sehr, ich mache mir ein wenig Sorgen, bekomme ich wohl morgen mehr? Ich möcht's gern glauben, dass ich hier ein neues Leben finden kann, doch, ehrlich, Angst die bleibt noch mir, vielleicht versteh ich's irgendwann. Ich muss noch zicken, staunen, träumen, mein Herz das fasst das alles nicht, doch Hoffnung darf auch ich wohl haben, ich armer kleiner süßer Wicht.

Was geschieht mir, hier im Neuen, die Angst, die ist noch groß. Ich möchte laufen, in die Freiheit, doch auch auf deinen Schoß. Wie kann ich lernen, dieses Wunder, auch wirklich zu versteh'n? Verletzt mein Herz ist, voller Schmerzen, ich möchte so gern geh'n - mit euch in eine Zukunft, am Himmel steht ein Stern, ich schenke euch Vertrauen und hab' euch jetzt schon gern.

Die Menschen hier, ob blond, ob braun, erscheinen mir bereits im Traum, sie lassen mich, sie lassen mich, unglaublich, wirklich wunderlich, das kenne ich doch nicht bisher, als wenn das doch ein Wunder wär'... Ich bin so satt, mein Bauch ist voll, doch dennoch.... wird es wirklich wohl so weitergeh`n in meinem Leben? Ich würde wirklich alles geben. Die Freunde hier, das kannt' ich nicht, sie haben langsam wohl Gewicht. Ich grüße euch in weiter Ferne, wobei ich mich tatsächlich sehne, nach dem Einen, nach der Einen, damit ich sagen kann - die Meinen.

Heute ist CHRIS glücklich umgetopft: www.chrisumgetopft.de

Gnadenhund

Ein Nichts war ich, jetzt bin ich alles, das
Leben ist ein Fest. Gefangen war ich, hing in
Ketten, wahrscheinlich nur ein Test.

Geweint hab' ich, meist still und stumm,
jetzt sing' ich laute Lieder, und doch, hätt'
ich's schon dort gewusst, ich lebt' es immer
wieder.

Der Reichtum hier entschädigt mich, die
Freunde sind ein Segen, mit allem, was ich
bin und kann, werde ich es hegen –

was mir an Liebe widerfährt, der Mensch an
meiner Seite, kriegt alles tausendfach
zurück, gestern, morgen, heute.

Gewidmet allen lebenden und bereits
verstorbenen Hunden von Diggersworld:
www.hundegnadenhof.de

Shelter, Tierheim, Heim – Die Geschichte von Noshi

Ich war zerzaust, total am Ende, alt und unsichtbar, dann kamen Menschen, Angst, zwei Beine, was stellte sich mir dar?

Ich wollte rennen, konnte nicht, mein Herz gab schon längst auf, doch irgendwas passierte hier, es nahm wohl seinen Lauf –

mein Leben in der Ferne, in einem and'ren Land, sollte es geschehen, dass ich die Liebe fand?

Ich weine, auch noch heute, in meinem tiefen Schlaf, was mir geboten, dank an Koblenz, bewahrt mich vor dem Tod.

Die Tränen fließen trotzdem manchmal, doch eines ist wohl klar, es gibt hier Menschen, die mit Liebe machen Wunder wahr.

Ich danke einfach hier Euch allen, dass ihr
mich so begleitet, der neuen Mama, meiner
Freundin, die mir den Weg bereitet.

Ich kann nicht sprechen, kann nur
schnüffeln, mein Näschen an Euch reiben,
Ihr wisst es, ohne Worte, ich will immer bei
Euch bleiben.

Gewidmet NOSHI:
www.tierheim-koblenz.de

Anton

Anton, Anton, unser Held, in deiner kleinen feinen Welt bewirkst Du Wunder, immerdar, Deine Botschaft ist so wahr, Du tust, was Du am besten kannst, mit Liebe, Leidenschaft, Verstand.

Wie gerne würden wir versteh'n, was Deine sanften Augen seh'n, uns bleibt nur Träumen, Wundern, Staunen, wir hören es aus Ecken raunen, hier geschieht was Wunderbares, außerdem auch wirklich Rares.

Danke, Du besond'rer Hund, es gibt für alles einen Grund, wir lieben und verehren Dich, sind dankbar und nicht zimperlich, wenn Du mal zeigst, was Du so schaffst, bis auch der letzte Honk es rafft 😁.

Hab' Dank für diesen Blick zu Dir, bleib treu und stark und Herrchens Zier.

Gewidmet ANTON von Diggersworld:
www.hundegnadenhof.de

Ziemlich beste Freundinnen

Schwester, Sister, meine Feine, sie woll'n
wohl nicht so recht, die Beine? Doch Deine
Augen und dein Näschen sind immer gern
bereit zu Späßchen.

Du meine Sonne, meine Freundin, alle
Menschen schauen gern hin, wenn wir hier
zeigen, was wir können, ein Jeder wird es
uns wohl gönnen.

Bei aller Mühe, deinem Leiden, willst Du
nicht aus dem Leben scheiden. Warum
auch? Hier im Paradies? Du wär'st verrückt,
wenn Du's verliest.

Wir beide und die and'ren Sonnen genießen
täglich diese Wonnen, die unser Papa uns
beschert, gar unterstützt von einem Heer
aus wunderbaren Wegbegleitern, wir
danken allen wahren Streitern, die Tiere
lieben, unterstützen, sich freuen hier an
manchen Witzen.

Mit Mut und Kraft und Lebensfreude geht's weiter hier auf dieser Weide, habt alle eine gute Nacht, und gebt besonders auf Euch acht.

Gewidmet LOVLEY und KIMBA von Diggersworld:
www.hundegnadenhof.de

Himmel

Was geschieht hier, heut' im Himmel? Wohl
etwas Wunderbares...

Menschen, fremd und unbekannt, geben
sich gerührt die Hand.

Denken, fühlen, leiden mit, trauern, weinen
und berühren. Viele Seelen wissen es, wir
alle werden's spüren, dass es Liebe gibt im
Netz, nicht nur üble Taten, nein, denn wir
bestimmen mit, wir sind hier die Paten!

Heute ist ein Tag zum Träumen, Seelen
fliegen frei, lasst uns alle miteinander Werte
pflegen, gut und treu.

Nehmt das Schnäuzchen Eures Hundes,
Eurer Katzen Pfote, auch die Hand Eures
Gefährten, Eures Herzens Bote, noch dazu
das Lachen, im Kind und auch in Euch,
nicht nur mein klein' Herzchen wird so
wunderweich,

Nicht anders kann die Dichterseele, seht es mir wohl nach, schickt Gedanken in die Ferne, wohltuend am Tag, in der Nacht jedoch besonders, Liebe ist so frei. Morgen gibt's ein neues Wunder, seid einfach dabei.

klein

klein war es zu beginn
ein flattern
ein hauch
eine ahnung von wärme
habe es angenommen
in meine seele gelassen
mein innerstes gefüttert
ganz vorsichtig
es wuchs
ich spürte es
tag für tag
woche für woche
monat für monat
nun ist es geschehen
es hat platz beansprucht
sich eingenistet
geht nicht mehr weg
wird größer
macht einige sekunden angst
die sekunden sind wichtig
wertvoll
damit ich mich nicht vergesse
lasse es weiterhin zu
füllt es doch einen teil in mir aus

der lange leer war
nehme es als geschenk
gehört mir so lange
wie es gut ist
jahre
jahrzehnte
mein leben
viel platz in mir
lasse es beruhigt weiterwachsen
ist schon sehr groß
das gefühl der liebe zu dir

Mein Freund

Deiner Augen Tiefe,
Deines Blickes Glanz,
Deines Wesens Treue,
Deines Körpers Wärme
haben sich geprägt in meine Seele,
gesunden lassen mein Herz,
geborgen in der Weichheit Deines Felles.
Danke für deine Liebe, mein Freund.

Stiefkind

Einst war es Liebe,
die mit Deinem Vater mich verband.

Einst war es Zärtlichkeit,
mit der mein Herz an Deines rührte.

Einst war es Jugend,
die mich neugierig machte auf Dich.

Einst war es Mut,
der Verantwortung mich übernehmen ließ.

Aus Liebe ward Unbehagen,
aus Zärtlichkeit Trauer,
aus Jugend Krankheit und
aus Mut Verzweiflung.

Seit Jahren gehen wir getrennte Wege auf
der Lebensleiter. Doch ich weiß, eine kleine
Kammer meines Herzens wird immer Dein
sein, mein geliebtes Stiefkind.

Worte

Worte
flirten, fließen, lachen,
säuseln, klirren, locken,
landen weich.

Worte
schmeicheln, streicheln,
beruhigen, verführen,
entführen ins Nichts.

Worte,
zögern, zaudern, lügen,
zerfließen, verschwinden,
machen Angst.

Worte
trauern, weinen, klagen,
lügen, schreien, stechen,
treffen hart.

Worte
beschwören, malen, küssen,
verzeihen, verstummen.
es zählt die Tat.

Hab' keine Angst

Das Alter naht auf leisen Sohlen; die Kraft schwindet. In der Nacht raubt Dir die Angst vor dem nahenden Ende den Schlaf. Aber, mein Gefährte, ich bin an Deiner Seite.

Wenn Dein Augenlicht schwindet, erkläre ich Dir den Blick auf die Welt durch meine Augen.

Wenn Deine Beine lahm werden, wird meine Kraft für uns beide reichen.

Wenn Deine starken Arme Dir den Dienst versagen, halte ich Dich fest und beschütze Dich.

Wenn Deine Hände Dich im Stich lassen, werden meine Hände Dich ernähren, pflegen, streicheln.

Wenn sich Angst in Deinen Gedanken ausbreitet, erzähle ich Dir Geschichten unserer Liebe, unzählige, und trockne Deine Tränen.

Wenn das gütige Schicksal es erlaubt, bist Du bis zum letzten Atemzug in meiner Nähe und schenkst mir die Wärme Deiner Hand, die mir so wertvoll ist wie einst der erste Kuss.

Wenn das Leben von Dir weicht, möchte ich Deine Augen zärtlich schließen. Ich möchte Deinen ausgezehrten Körper bequem zur Ruhe betten und jeden Zentimeter Deiner welk gewordenen Haut waschen und salben. Zum letzten Mal möchte ich es sein, die Dir Deine Lieblingskleidung anlegt. Den Ring, der Dir längst zu weit geworden ist, lasse ich an Deinem Finger. Bevor der Sarg geschlossen wird, verabschiede ich mich von Deinem Körper mit einem letzten Kuss auf Deine bleichen Lippen. Deine Seele bleibt in meinem Herzen.

Hab' keine Angst, Geliebter, wenn die Nacht beginnt.

Stummes Kind

Bleibt Dein Mund auch ohne Worte,
Berührung gibt den Silben Klang,
Augen sprechen Sätze klar,
Gedanken fließen weise, still.
Schritte vor bedeuten Ja,
ein Nein verschleiert Deinen Blick,
stummes Lachen, pures Glück,
heiße Tränen mich erreichen.

Lehrt Dein Ausdruck leben mich
und versteh'n in Deinem Sinn,
dankt mein Herz für Deine Sprache,
stummes Kind, das so viel sagt.

28. November – vierzehn Uhr dreißig

„Sag mal", flötete Susanne nach dem Abendessen gefährlich freundlich, „dir ist schon klar, dass Janas Theateraufführung heute um siebzehn Uhr begonnen hat und nicht um achtzehn Uhr? Hier auf dem Flyer steht es schwarz auf weiß: 27. November, 17:00 Uhr!" Thorsten Hartmann kratzte sich verlegen die Stirn, er wusste genau, was er angerichtet hatte. „Susanne, bitte, ich konnte nicht weg, die Operation hat einfach viel länger gedauert als vorgesehen. Du weißt doch, dass ich dann nicht einfach die Biege machen kann." Susanne hatte Mühe, sachlich zu bleiben, ganz gelang es ihr nicht. „Ach Mensch, die Begründung habe ich schon tausendmal gehört, hör doch auf! Und natürlich musstest du danach noch Papierkram erledigen und die Angehörigen trösten und den OP-Pfleger beruhigen, der immer an sich zweifelt, wie gehabt, aber Scheiße, du hast auch noch Familie! Janas

Auftritt war längst vorbei, als du geruhtest, die Aula zu betreten. Weißt du eigentlich, was das für ein blödes Gefühl ist, wenn die anderen Eltern, allen voran Gaby und Klaus, dich so mitleidig ansehen? Von Janas Enttäuschung mal ganz abgesehen!" Tränen der Wut traten ihr in die Augen. Sie drehte sich auf dem Absatz um und ging ins Bad, weil sie auf keinen Fall heulen wollte, solange die Kinder noch wach waren. Seufzend setzte Susanne sich auf den Wannenrand und rieb sich die Schläfen. „Es dauert nicht mehr ewig, es dauert nicht mehr ewig, es dauert nicht mehr ewig" sprach sie sich ihr wohlbekanntes Mantra vor. Im Sommer wollte Thorsten die Bewerbung an die Reha-Klinik in Bad Ostweiler rausschicken, die an diesem malerischen Waldsee lag. „Okay, Frieden" schloss Susanne mit sich selbst einen Pakt und verließ das Bad. Aus dem Kinderzimmer drang lautes Quieken. „Was hast du gesagt, du kleine Ratte?" Nele kicherte. „Du hast einen dicken Bauch, Papa, genau wie der Nikolaus!" „Du wagst es? Darauf steht Kitzelstrafe ersten Grades. Und das Christkind kriegt vielleicht auch noch einen Tipp, dass kleine Ratten keine großen Geschenke kriegen sollen." Mit großen Augen schaute Nele ihren Vater an. „Nein", schmunzelte Thorsten, „keine Bange, du bist ja ein ganz liebes Mädchen. Aber Kitzeln muss sein!" Susanne linste vorsichtig um die Ecke und beobachtete gerührt, wie Thorsten die fünfjährige Tochter liebevoll durchkitzelte. Im frisch renovierten Jugendzimmer saß Jana in ihrem pinkfarbenen Knautschsessel und tippte eifrig in ihr Smartphone. „Gleich ist aber Schluss, Prinzessin, hmmm?" merkte Susanne an. „Jaaa Mama, gleich, ich muss aber noch mit Anna den Auftritt eben durchchecken, fünf Minuten." Die zehnjährige Jana schaute gar nicht erst auf. Sie hatte die Unpünktlichkeit des Vaters zum Glück schon wieder vergessen, weil der

WhatsApp-Austausch mit der besten Freundin viel interessanter war. Susanne setzte sich vor den Fernseher und zappte durch die Programme, bis sie voll stummer Faszination bei *Frauentausch* hängenblieb. Als Thorsten ins Wohnzimmer kam, sparte er sich die Bemerkung, die ihm wegen der Programmauswahl auf den Lippen lag. Er setzte sich zu Susanne auf die Couch und legte den Arm um ihre Schultern. „Knusperbienchen, sei mir bitte nicht mehr böse, ich versuche, beim nächsten Mal pünktlich zu sein." Susanne kuschelte sich in Thorstens Arm. „Ja, ist schon gut, ich will mich auch nicht mehr streiten wegen deiner Arbeitszeiten. Guck dir mal die Irren da an, das ist wie bei einem schlimmen Unfall, man kann einfach nicht wegsehen." Das Ehepaar ließ den Abend mit gemeinschaftlichem Lästern ausklingen.

Am nächsten Morgen stand Professor Weller nach der Frühbesprechung in der

Klinik auf und meinte: „Gut, Kollegen, dann wollen wir mal wieder in die Tretmühle steigen, gell? Oder gibt es noch etwas zu besprechen?" Frau Doktor Roth warf ein: „Ja, die Frau Lauterbach, da liegt nach den letzten Untersuchungen wahrscheinlich eine multiple Sklerose vor. Wir müssen noch ein MRT fahren und ein weiteres Labor abnehmen. Thorsten, gut, dass das deine Patientin ist, sprichst du heute nochmal mit ihr?" Thorsten wollte gerade anmerken, dass er vor kurzem ein ebenso unangenehmes Patientengespräch für die Kollegin übernommen hatte, aber Maria Roth war schon aus dem Zimmer geeilt. „Was soll's", dachte Thorsten, „dann gehe ich halt heute Mittag mal zu der Dame."

Professor Weller marschierte auf dem Weg in sein Zimmer im Sekretariat vorbei. „Frau Jansen, rufen Sie bitte noch Professor Meier an, wann das Symposium nun stattfindet, ich brauche den genauen Termin" instruierte er seine Sekretärin. Thorsten, der mit ins Zimmer gekommen war, schnitt eine Grimasse hinter seinen Rücken. „Danny, weißt du, wo die Akte von Frau Lauterbach ist?" fragte er. „Die liegt doch in deinem Fach." „Ah, danke, ich Schussel!". Die Assistenzärztin Birgit Klein klopfte auf den Drucker. „Daniela, ich brauche unbedingt die Histologie von Frau Wächter, kannst du mir die ausdrucken?" „Sorry, ich kann gerade gar nichts ausdrucken, das System streikt mal wieder. Herr Wülfing von der EDV kommt gleich vorbei." Daniela Jansen zuckte mit den Schultern. „Du wirst wohl in deine geheiligten Hallen hinaufsteigen und den Papierberg auf deinem Schreibtisch durchwühlen müssen, Birgit, ich kann hier nicht weg. Frau Grothe, kleinen Moment noch, ich kümmere mich gleich um Sie." Die Bankiersgattin stand in der Tür des kleinen Büros und empörte sich: „Ich warte schon zehn Minuten. Wissen Sie überhaupt, mit wem Sie es zu tun haben? Wenn Sie mir das

Einzelzimmer nicht garantieren können, wechsele ich die Klinik!" Daniela zählte im Stillen bis zehn. „Bitte, Frau Grothe, nehmen Sie noch einen Moment Platz. Ich kann Ihnen die gewünschte Auskunft im Moment nicht geben, ich muss erst wissen, ob das Zimmer frei wird." Sie schob die entrüstete Patientin aus dem Sekretariat und schloss die Tür. Thorsten sah sie mitleidig an. „Ach Danny, sieh es mit Humor, und denk immer an die schöne viele Kohle, die unsere lieben Privatpatienten hierlassen und die unweigerlich in unserer Weihnachtstüte landet." Daniela schnaubte: „Jo, aber hin und wieder würde ich gern einige davon grillen! Jetzt geh mir mal hier unter den Füßen weg, ich habe zu tun!" Thorsten schnappte sich eine Handvoll Gummi-bärchen aus der gut gefüllten Schale auf dem Schreibtisch und verließ mit der Patientenakte unter dem Arm den Raum.

Auf dem Stationsflur kam ihm Carlos entgegen. Der junge OP-Pfleger meinte: „Danke für gestern, du weißt schon, ich dachte wieder, es wäre meine Schuld gewesen, dass die Handschuhe nur in einer Größe zur Verfügung standen." Thorsten erwiderte: „Nein, Carlos, wie gesagt, eigentlich sollte Sven die OP machen und der hat nun mal Hände wie ein Porzellanpüppchen. Du konntest ja nicht wissen, dass ich mit meinen Preisboxerpranken einspringen würde. Zum Glück hatte Anke", er grinste schelmisch, „unsere Schwester Rabiata, noch ein Extrapaket zur Hand." Lächelnd ging er den Gang hinunter und dachte: „Der Arme, der muss sich aber dringend noch ein dickeres Fell zulegen in dem Laden hier."

Nach der Mittagspause betrat Thorsten das Patientenzimmer, lange genug gedrückt hatte er sich ja mittlerweile. „Frau Lauterbach, es tut mir sehr leid, aber Sie können heute noch nicht nach Hause gehen. Wir müssen eine zweite Schichtbilduntersuchung von Ihrer Wirbelsäule machen, die Beschwerden können nicht allein von der Bandscheibe kommen." Frau Lauterbach blickte stoisch geradeaus. Die kleine Uhr auf dem Beistelltisch zeigte gerade **vierzehn Uhr dreißig**.

„Ja, Herr Doktor, wenn es denn sein muss" seufzte sie. „Aber spätestens Dienstag muss ich... Herr Doktor, hallo, Doktor Hartmann, was ist denn?" Thorsten war von einer Sekunde zur anderen vor dem Bett der Patientin auf den Boden geknallt. Die vergaß vor lauter Schreck ihre Schmerzen, sprang aus dem Bett und rüttelte Thorsten an der Schulter. „Hören Sie mich?" Keine Reaktion. Frau Lauterbach rannte aus dem Zimmer und lief schreiend über den Flur. „Hilfe, Schwester Anke, schnell, kommen

Sie, der Doktor Hartmann! Frau Doktor Roth, kommen Sie, Hilfe! Hiiilfe!"

Wenn durch einen Menschen ein wenig mehr Liebe und Güte, ein wenig mehr Licht und Wahrheit in der Welt war, hat sein Leben einen Sinn gehabt. (Pater Alfred Delp)

Mit großer Betroffenheit müssen wir Abschied nehmen von unserem lieben Kollegen und geschätzten Mitarbeiter THORSTEN HARTMANN. Aus vollem Herzen war er Assistenz- und Facharzt in der Klinik für Neurochirurgie und seit fast 15 Jahren in unserem Haus tätig. Im Alter von nur 45 Jahren ist er plötzlich verstorben. Mit ihm verlieren wir nicht nur einen erfahrenen und begabten Mediziner, sondern ebenso einen überaus beliebten, freundlichen und humorvollen Kollegen. Thorsten Hartmann hinterlässt tiefe Spuren in unserem Krankenhaus als Kollege und als Mensch. Wir werden ihn sehr vermissen.

Unser ganzes Mitgefühl gilt seiner Familie, seiner Ehefrau und seinen beiden Kindern.

Geschäftsführung, Mitarbeitervertretung und Mitarbeiterschaft

Städtisches Krankenhaus

Rettung eines kleinen Lebens – hoffentlich!

Es geschah am 19. Mai 2020. Die Pandemie, die unsere Welt auch heute noch in Atem hält, verschaffte uns nach dem ersten Lockdown ein wenig Freiraum. Nach dem Tod unseres geliebten Terriers Balou im Februar 2020 planten wir eine Komplettrenovierung unserer kleinen Wohnung, wirklich nötig nach einer langen Zeit der Pflege eines eingeschränkten, nicht immer ganz dichten Hündchens... Wir fanden fleißige Handwerker, die sich zwei Wochen lang beinahe täglich ans Werk machten. Die alten Laminatböden mussten raus, sämtliche Wände und Decken schrien nach Farbe. Jeden Tag gab es frische belegte Brötchen für die emsigen Herren. An diesem Tag kam mein Mann vom Bäcker, völlig aufgelöst. „Petra, da sitzt ein kleines Vögelchen auf dem Bürgersteig, vor Martins Garage, der ist bestimmt aus dem Nest gefallen, was können wir tun?" Gute Frage... Ich hatte nicht die leiseste Ahnung! Natürlich gab es auch zu Hause reichlich zu tun, dennoch setzte ich mich erstmal an den

Rechner und schaute nach, ob ich im Internet etwas finden konnte über kleine, aus dem Nest gefallene Vögelchen. Mein Mann ging noch mal nach draußen und kam etwas irritiert wieder rein, „da sitzt kein Piepmätzchen mehr!?". Hmmm, ich hatte schon ein wenig nachgelesen, konnte das Tierchen womöglich schon fliegen? Das wäre natürlich die beste Lösung gewesen.

Wir tranken eine Tasse Kaffee zusammen, schauten uns an – und merkten beide, dass die Unruhe nicht weg ging. „Komm", bestimmte ich, „wir schauen lieber noch einmal nach, sonst kommen wir hier nicht zur Ruhe!". Gesagt, getan, mit einem kleinen Küchenhandtuch im Gepäck gingen wir die vielbefahrene Straße lang. Vor Martins Garage auf der anderen Straßenseite war definitiv nichts zu finden, ich kniete mich auf den Bürgersteig und schaute unter jedes Auto, nichts. Nun gut, was auch immer da vorgefallen war, es schien uns nicht mehr zu betreffen. Wir überquerten wieder die Straße, gingen in Richtung unseres Wohnhauses, etwa 30 Meter entfernt – und konnten es kaum fassen! Ein winziges Federknäuel hockte auf der Straße, kurz vor dem Bürgersteig, und piepste laut und verzweifelt! Während ich todesmutig mit weit ausgebreiteten Armen mitten auf die Straße sprang und vorbeikommende Fahrzeuge um uns herum dirigierte, sammelte mein Mann das kleine Vögelchen mit dem Handtuch ein und drückte es vorsichtig an seine Brust. Ich erkannte, dass wir es mit einem kleinen Meisenkind zu tun hatten, das es irgendwie geschafft hatte, eine ganze Menge Meter aus eigener Kraft zurückzulegen. Wir nahmen den Miniadler mit in unsere Wohnung.

In Windeseile tat ich das, wofür Social Media wirklich gut ist, ich fand eine Gruppe von Wildvogelhelfern, meldete mich schnell dort an und ließ die Finger fliegen, erzählte, was geschehen war und fragte nach, was denn nun passieren müsste. Sehr schnell bekam ich Antworten, auch wurden mir viele Fragen gestellt, die ich nach bestem Wissen und Gewissen beantwortete. Das Meisenkind kam in eine große, gut ausgepolsterte Plastikschale, die von einem Baumwolltuch bedeckt wurde. Die Arbeit in der Wohnung war uns auf einmal so was von egal, jetzt hatten wir Wichtigeres zu tun! Ich rief in der nahegelegenen Tierarztpraxis an, dort konnte man mir leider nicht helfen, ich bekam aber diverse Telefonnummern, an die ich mich wenden sollte. Auch dies versuchte ich ausgiebig, sprach auf Anrufbeantworter, leicht verzweifelt mittlerweile, und erreichte leider niemanden. Aus der Gruppe bekam ich den Rat, zu dem Haus zu gehen, vor dem das Tierchen zuerst saß. Vielleicht konnte ich ja ein Nest entdecken. Ich schellte bei Martin, mit dem Plastikpöttchen unter dem Arm, und fragte, ob er wohl von einem Vogelnest in der Nähe wüsste. Der große Familienhund schaute mich sehr interessiert an und wollte an der Schüssel schnuppern, was ich ihm nicht erlauben konnte. Martin und ich schauten gemeinsam nach, am Haus und im Garten, wir entdeckten leider absolut nichts, was auch nur ansatzweise nach einem Nestchen aussah. Betrübt ging ich mit meinem kleinen Freund unter dem

Arm, der immer noch jämmerlich piepste, wieder heim.

Aber Aufgeben galt natürlich nicht, die nächste Idee musste her. Wir wohnen in einem Mietshaus, dahinter liegt eine große buckelige Wiese mit Hecken zu allen Seiten und zwei sehr großen ausladenden Bäumen. Meisen und anderes Flattervieh hat es da durchaus, die Herrschaften bedienen sich auch gerne an der Futtersäule mit Wildvogelfutter, die schon eine ganze Weile auf unserem Balkon im zweiten Stock hängt. Das Grundstück ist etwas ungepflegt und lädt uns Bewohner nicht unbedingt zum Verweilen ein, aber die eine oder andere Tierart fühlt sich dort wohl. Ich nahm also wieder mein Töpfchen in den Arm und ging hinter das Haus. Die Sonne schien freundlich vom Himmel, hier und dort war Geschwitzer zu hören.

So nahm ich das kleine Meisenkind vorsichtig in die Hand und setzte es auf die die Wiese. Es hüpfte ein wenig hilflos von hier nach da. Ich beobachtete das kleine Geschöpf und dachte nur, oh je, wie wird das hier wohl ausgehen? Aus einem Bauchgefühl heraus hob ich das Schätzchen wieder auf und setzte es einige Meter weiter weg auf die Umrandung eines ehemaligen Sandkastens, unter einer sehr hohen Esche. Nach den Informationen aus dem Netz ging ich nun so weit weg, dass ich das Vögelchen gerade noch sehen konnte, und setzte mich an den Nachbarbaum. Die Zeit verging... Auf einmal, ich dachte, ich gucke nicht richtig, landete eine größere Meise neben meinem Findelkind, tat irgendetwas und flog wieder weg. Hach! Das wollte ich genauer sehen, was hier passierte. Ich dachte an nichts anderes mehr, meine Gedanken verweilten allein in dieser Situation. Es vergingen bestimmt 20 Minuten, da kam die andere Meise wieder, sie fütterte, ich habe es genau gesehen! Voller Glück nahm ich mir vor, noch einmal dieses Schauspiel auf meine Netzhaut brennen zu wollen. Nun musste ich mich aber echt lange gedulden. Dennoch hätten mich keine zehn Pferde von meinem Beobachtungsplatz wegbringen können. Nach einer weiteren halben Stunde konnte ich das Wunder ein weiteres Mal beobachten.

Ein kleines bisschen erleichtert, dennoch mit etwas Angst im Herzen, gab ich den Empfindungen meines Körpers nach, die von Hunger, Durst und gewissen Nöten sprachen, für die es nun an der Zeit war, dass ich mich darum kümmerte. Ich verließ die Wiese und ging wieder ins Haus. Vom Balkon aus konnte ich die Stelle des kleinen Vogelasyls nicht sehen, das war aber wohl auch besser so, sonst hätte ich an diesem Tag rein gar nichts anderes mehr auf die Reihe bekommen. Mittlerweile waren sicherlich sechs Stunden vergangen, die mich sehr berührt haben. Mein Mann und ich beschlossen, hoffnungsvoll zu sein und daran zu glauben, dass die Meisenmama oder auch -tante wusste, was sie tat. Wir

haben – hoffentlich – ein kleines Leben
gerettet.

Liebeszeilen

Mein Hund, mein Freund, mein Segen, was
hast du hinterlassen?
Es fällt mir manchmal schwer, in Worte dies
zu fassen.

Vier Pfötchen, schwarze Äuglein, ein
strahlend weißes Fell.
Du musstest viele Schritte geh'n, bevor dein
Weg wurd' hell.

Geboren wurdest du angeblich im sonnigen
August.
2004 geschah das Wunder, für uns noch
unbewusst.

Du hattest schon den einen Menschen, in
Neuss lebte die Frau.
Sie ließ dich schweren Herzens geh'n, die
Tage waren grau...

Zwei weitere Stationen, du warst längst
nicht mehr jung,
doch eines Tages warst du hier, mein Herz
tat einen Sprung.

Ich wusste es sofort, für immer, das ist mein
Seelentier.
Du machtest aus „Egal.", „Was soll das?"
ein neues schönes Wir.

Der Anfang war ein wenig steinig, wir
wussten nicht sehr viel,
doch wollten wir mit Allem zeigen, wir
wagen diesen Deal.

Was bin ich heute noch beschämt, Silvester
war so schlimm,
du wolltest dich nicht lösen, nur Panik,
Angst im Sinn.

Ich wusste es nicht besser, ging viel zu lang
mit dir,
am Ende stand ein sehr erschöpftes armes
kleines Tier.

Natürlich nahmen wir die Challenge an,
lernten stets dazu.
Der die geringsten Sorgen hatte, warst nun
ganz klar DU.

Du zeigtest es vom ersten Tag an, hier bin
ich daheim,
ich hab' Vertrauen, meine Nase riecht der
Liebe Keim.

Die Wohnung leider war die Falsche, das
wussten wir schon lange, doch für
Veränderungen waren wir einfach viel zu
bange.

„Kein Hund erlaubt", so hieß es nun,
die Kündigung ging schnell, wir wussten,
was wir tun.

In einem neuen Stadtteil ging es dann richtig
los,
knapp waren die Penunzen, doch Hund auf
uns'rem Schoß.

Mein Schatz, die Bilder, du im Leben, auf
Wiesen, Wegen hier, mit neuen Freunden
auf vier Pfoten, uns'res Lebens Zier.

So durften wir die nächsten Jahre, acht bald an der Zahl,
einfach genießen, dass du da warst, uns're erste Wahl.

Es folgten Zeiten voller Freude, jeden, jeden Tag,
wer Tiere liebt, versteht das, weil er genau dies mag.

Natürlich war'n wir „Mama", „Papa", nicht jeder hat's verstanden, es war uns Wumpe,
aber so was, weil wir es so empfanden.

Dein „Patenonkel", weißt du noch? Ein Freund, schon lang', für's Leben, er liebte dich genau wie wir, wollt' alles für dich geben.

Das tat er auch besonders gerne, und mussten wir mal fort,
dann warst du bei ihm, mit viel Freude, dies war dein zweiter Hort.

Drei Menschen und ein Hund, von da an war es klar,
gemeinsam in den Urlaub ging es Jahr um Jahr.

Du durftest alt bei uns nun werden, am Ende taub und blind,
wir gaben gerne unser Herz her, du warst doch unser Kind.

Der Tag des Abschieds, er war grausam, vergessen werd' ich's nie, der Tränen viele flossen, lange, gleich einer Symphonie.

Wir haben keinen neuen Schatz, du warst es ganz alleine.
Mein Hund, mein Freund, mein Segen, für immer nur der EINE.

Herzensbrecher und mehr

Hallo zusammen, darf ich mich vorstellen? Ich bin's, die kleine Petra, wir schreiben das Jahr 1973, und ich bin knapp acht Jahre alt. Heute, am 19. März, wird mein großer Bruder schon vierzehn Jahre alt, coool. Der ist ganz okay, ärgert mich zwar ab und zu, aber kann auch jede Menge tolle Sachen. So, die Familie versammelt sich am Frühstückstisch, *hibbel*, kriegt mein Bruder keine Geschenke? Ich bin glaub' ich neugieriger als er, aber als kleine Schwester darf ich mir das erlauben. Mama geht nach nebenan...

WAS IST DAS??? Sie kommt mit einem Karton in die Essküche, aus dem Geräusche dringen, aaaah, wie aufregend! Und – tadaaa – in dem Karton sitzt ein Langhaardackelbaby auf einer weichen Decke und schaut uns mit großen Augen an! Oh Gott, ich muss ein bisschen weinen, wie süß ist das denn? Mama sagt „Das ist Arko, ein gewisser Junge hier hatte doch mal so einen Wunsch geäußert, nicht wahr?" Wow, ich renne zu meinem Bruder und drücke ihn ganz feste. Der ist gerade stumm vor Glück, sehe ich da etwa auch ein Tränchen? Wir beide knien uns auf den Boden. Uwe holt das Mäuschen aus der Kiste und nimmt ihn auf den Schoß. Arko wedelt mit dem Schwänzchen und leckt ihm über das Gesicht. Ich will auch, bitte, bitte! Jaaa, ich darf, oh nein, ist der weich und klein und niedlich, und der riecht so gut, ich versenke mein Gesicht in dem butterweichen Fellchen und bin einfach nur selig. Das ist ganz klar der Tag in meinem Leben, ab dem ich für immer in Langhaardackel verliebt bin.

Es folgt eine schöne Zeit in meinem Kinderleben. Uwe und ich gehen gemeinsam mit Arko Gassi, auch die obligatorischen Sonntagsspaziergänge im Wald, die wir Kinder in letzter Zeit doch eher langweilig fanden, machen ab sofort wieder Spaß. Arko darf mit zu Papa in den Schrebergarten, es macht unheimlich viel Spaß, ihn dort in den Beeten buddeln zu sehen, das Schnäuzchen wird durch den Dreck kein bisschen weniger niedlich. Wir lernen schnell, dass ein Dackelkind recht stur sein kann, aber das tut unserer Liebe keinen Abbruch. Zugegeben, am ehesten hört der Lauser auf Papa, er hat so eine natürliche Autorität und lässt sich nicht so leicht um den Finger wickeln von diesen wunderschönen dunkelbraunen Äuglein...

Ich bin noch klein, spiele mit Puppen, Arko lässt es sich gefallen, von mir und meiner Freundin Anke in Puppenkleider gesteckt und im Puppenwagen durch die Wohnung gefahren zu werden. Uwe rauft gerne mit seinem neuen Herzensfreund, es ist eine helle Freude für alle Beteiligten. Nun naht das erste gemeinsame Weihnachtsfest... Zu dieser Zeit wurde am Heiligen Abend nichts Besonderes gemacht, es gab Kartoffelsalat mit Bockwürstchen, die Bescherung folgte aber erst am 1. Weihnachtstag nach einem opulenten Frühstück. Abends gab es dann Pute mit Rotkohl und Klößen. Wir haben Montag, Mama kauft noch schnell die letzten Lebensmittel ein, es gibt ausnahmsweise teuren Aufschnitt für das Feiertagsfrühstück, gekochten Schinken, Fleischwurst, Blutwurst für den Papa, Mett, mmmmh, ich krieg' schon Appetit, wenn ich nur daran denke. Der feine Aufschnitt und die dicke Pute liegen auf dem Küchentisch. Ihr ahnt, was kommt, oder?

Mama und Papa müssen noch mal weg, Uwe hat was im Keller zu erledigen, ich spiele gedankenverloren im Kinderzimmer mit diesem und jenem... Es vergehen etwa 30 Minuten, auf einmal höre ich einen Schrei aus der Küche, Arkoooooooooooo, NEIN... Arko? Ich sehe keinen Arko, allerdings einen Küchentisch mit jeder Menge zerfetztem Papier und einer leicht angenagten Pute. Wo ist der Hund? Mama ist ein bisschen verzweifelt, der Aufschnitt hat sich sozusagen in Luft aufgelöst. Na ja, nicht ganz... Die kleine Petra kniet auf dem Boden und entdeckt ein winziges Hündchen, allerdings mit riesigem Bauch, das sich höchst schuldbewusst unter der Eckbank verkrümelt hat. Papa kommt in die Küche und donnert los „Du Satansbraten, warte, jetzt setzt es aber was!" Nein, keine Angst, es setzt natürlich rein gar nichts, im Gegenteil, wir buddeln das kleine

Hündchen, das nicht nur schuldbewusst, sondern auch mit offensichtlich ordentlichen Bauchschmerzen unter der Bank hockt, hervor und halten es erst mal fassungslos im Arm. Es folgt, was folgen muss, Hundekotze riecht nicht wirklich lecker, eieiei, das arme Wesen. Tja, das Frühstück gestaltet sich recht frugal, die Pute kann allerdings bis auf ein Flügelchen noch gut zubereitet werden. Was es zur Bescherung gab, weiß ich nicht mehr, wen wundert es?

Heute ist Sonntag, der 7. Juli 1974. Es regnet in Strömen, im Fernsehen rennen 22 Männer hinter einem Ball her, Mama, Papa und Uwe sitzen total angespannt vor der Flimmerkiste, sind die bekloppt? Wie langweilig ist das denn? Arko winselt ein bisschen, der muss wohl mal Pipi. „Petra, bitte geh' du mit ihm vor die Tür, wir wollen das so gerne sehen hier, vielleicht wird Deutschland Weltmeister!" Na gut, da bleibt mir ja wohl nicht anderes übrig, oder?

Arko und ich spazieren durch die Ziegelstraße, die menschenleer ist. Wir sind scheinbar ganz alleine auf der Welt! Einmal Pipi machen reicht aber nicht, das Hündchen muss noch was anderes loswerden, ach herrjeh, und das dauert *maul*... Auf einmal, ich weiß jetzt schon, dass ich diesen Moment in meinem hoffentlich langen Leben niemals vergessen werde, dröhnt ein Schrei aus ungefähr 100 Fenstern entlang der Straße, JAAAAAA!!!

Äh, okay, was ist denn jetzt los? Arko hat endlich alles erledigt, was erledigt werden musste, wir flitzen schnell nach Hause. In der Wohnung tanzen und springen Mama, Papa und Uwe im Wohnzimmer rum, ja mei, sind jetzt alle völlig durchgedreht? „Petra, Deutschland ist Fußballweltmeister, juchhuh, das ist sooo toll!" Ach so, na dann, jetzt verstehe ich ein bisschen, warum ich kleines Mädchen in den Regen hinausmusste. Dann freue ich mich einfach mal mit.

So, und hier kommt nun die ältere Petra (groß ist sie nie geworden *lach*), diese Geschichte schreibe ich im Jahr 2021. Der kleine Arko hat Spuren hinterlassen. Nach wie vor bibbert mein Herz, wenn ich einen Langhaardackel sehe, was heutzutage nicht mehr allzu oft vorkommt. Bei mir als ausgewiesener Leseratte seit 50 Jahren, die unzählige Bücher verschlungen hat, steht bis heute ein kleines Werk im Bücherschrank, das ich im Laufe meines bisherigen Lebens ungefähr fünfzehnmal gelesen habe, ein Doppelband, *Liebe auf krummen Beinen* und *Ehe auf krummen Beinen* von Hans Guhl. Es wird mal wieder Zeit... Ein Stoffhund aus Kindertagen, der natürlich Arko hieß, saß bis 2017 in meiner Glasvitrine, alt und abgeliebt. Er ging mit meinem Vater in's Grab, ich habe mich mit Wehmut von meiner Kindheit verabschiedet...

Warum mein erster und bisher einziger eigener Hund statt braunem langem Fell und krummen Beinchen kurze weiße Haare hatte und ein siebenjähriger Terrier sein sollte, ist eine andere Geschichte...

Tauben - HILFE - Taubenhilfe

Tauben, ach nee, geh' mir weg damit, ich find' die widerlich! Dreckig, Ratten der Lüfte, verbreiten Krankheiten, ich würde nie im Leben nach Venedig fahren, da scheißen die den ganzen Markusplatz zusammen! Hast du gehört von der Bekloppten aus Ronsdorf, die da jeden Tag säckeweise Taubenfutter verteilt, von denen die Ratten am Boden sich die Bäuche vollfressen? Der Kindergarten musste geschlossen werden, weil da hunderte von Ratten rumliefen. Die Frau ist jetzt wohl in die Psychiatrie eingewiesen worden, besser ist das!

Solche Gespräche habe ich bis vor neun Monaten hin und wieder mit meinen allerbesten Freundinnen geführt. Wie fast immer, waren wir uns so was von einig.

Unserem Wohnhaus gegenüber steht ein altes Fabrikgebäude, das modernisiert worden ist und etliche luxuriöse Eigentumswohnungen in sich trägt. Es fehlt nur noch die riesige Garage mit bestimmt fünfzig Stellplätzen. In dieser speziellen Baustelle hausen Mengen von Tauben, wir können das aus dem Wohnzimmerfenster immer sehen, natürlich alles voller Taubenscheiße. Naja, besonders gern haben wir das Geschehen nicht angeguckt. Irgendwann ist die Garage fertig, die Tauben werden vertrieben, und alles wird mit einem engmaschigen Netz gesichert. In den nächsten Tagen beobachten wir aber mit offenem Mund einige Dramen! Die Tauben kämpfen um Ihr Leben, um ihr Zuhause, sie verrecken in dem Netz, wahrscheinlich haben sie noch Junge in der Garage. Ich fange an zu heulen. Auf einmal kommt ein großer weißer Wagen, mindestens vier Menschen steigen aus, Männer, Frauen, keine Ahnung. Sie haben große Fangnetze dabei, sichern das Areal. Einer spricht immer wieder in eine Kamera. Sie sind sehr lange beschäftigt, setzen viele Tauben in mitgebrachte Boxen. Sie dürfen auch die Garage betreten, auch von dort bringen sie einiges mit. Ich bin ziemlich sprach- und fassungslos, muss mich erst mal setzen. Mein Mann sagt, du, das hab' ich schon mal im Fernsehen gesehen, das sind Tierschützer, die hat wohl jemand gerufen aus der Nachbarschaft hier. Schniefend nehme ich meinen Mann in den Arm, lasse mich noch ein bisschen trösten. Jetzt geht es wieder.

In den nächsten Tagen lese ich allerhand nach im Internet, über Tauben, über Tierschutz. Ich lese rührende Geschichten, über Brieftauben, Stadttauben, über das Elend der Tiere, die eigentlich Haustiere sind. Mein Herz wird ganz warm, ich schäme mich etwas über meine Gedanken bisher.

Eines Tages, ich stehe mit meinem Mann in der engen Küche, landet mal wieder eine

Taube auf der Fensterbank. Dies kam natürlich immer mal wieder vor, mein Mann und ich waren grundsätzlich flott dabei, die Mistdinger wegzuscheuchen.

Doch nun schlagen die Uhren in einem anderen Takt, die Tauben haben sich in unser Herz geschlichen. Auf besagter Küchenfensterbank sitzt seit Tagen um die gleiche Uhrzeit eine sehr hübsche, schwarz-weiß gesprenkelte Taube. Wir haben sie JOLANDA getauft. Es landen täglich ein paar Krümel vom Frühstücksbrötchen auf der Fensterbank. Weiß Jolanda das wohl? Das ist nun schon echt berührend. Irgendwann lese ich im Internet, dass Tauben nur so viel Dreck machen, weil sie kein vernünftiges Futter bekommen, nur Reste vom Menschenessen. Nun, da gehe ich doch gleich mal zum Futterhaus und kaufe einen großen Sack Taubenfutter (ich wusste bisher nicht, dass Tauben wohl am liebsten Maiskörner und getrocknete grüne Erbsen fressen, auch noch ein paar andere Zutaten). Interessant, man kann täglich dazulernen.

In den nächsten Wochen und Monaten genießen wir das „Schauspiel", wir haben endlich wieder Haustiere, wie schön ist das denn??? Es gesellen sich hin und wieder neue Tauben zu Jolanda, sie bekommen alle Namen, sie sind pünktlich wie die Maurer *lach*. Wenn ich morgens ins Büro fahre, frage ich meinen Mann, du denkst doch an Jolanda? „SELBSTVERSTÄNDLICH mein Engel, das weißt du doch genau".

Eines Tages, es ist ziemlich genau vier Wochen her, komme ich in die Küche und sehe ein Massaker! Mindestens zwanzig Tauben landen gleichzeitig auf der winzigen Fensterbank, eine knallt voll mit dem Köpfchen vor die Scheibe, eine andere stürzt wie ein Stein auf den Hinterhof. Ich bin entsetzt, rufe meinen Mann, das ist ja gruselig, was geht denn hier ab?

Okay, jetzt dauert die Geschichte nicht mehr lange. Abgesehen davon, dass wir schon lange wissen, dass das nicht erlaubt ist, was wir da tun, Taubenfüttern ist nun mal verboten, können wir das nun auch nicht mehr ertragen. Ein paar Wochen füttern wir noch, schauen aber nicht mehr zu, wir gehen schnell in ein anderes Zimmer, wenn die

Armee anfliegt. Ich erinnere mich an den Tipp meiner Freundin, die niemals nie eine Taube auch nur in der Nähe ihres Balkons wissen will, flatternde Alufoliefähnchen. Dann bastele ich mal was, viel Arbeit, ich bin auch nicht besonders gut im Basteln, aber irgendwie gelingt mir eine Konstruktion, die am Abend außen auf der Fensterbank befestigt wird. Meinem Mann und mir geht es richtig schlecht, wir fühlen uns schuldig, haben wir jetzt demnächst einige Taubenleben auf dem Gewissen?

Am Tag 1 passiert - NICHTS!

Jolanda und ihre Kollegen akzeptieren die neue Situation ohne Murren und Klagen. Sie fliegen einfach woanders hin. Es gibt ja noch mehr tierliebe Menschen in unserer Nachbarschaft. Mein Mann und ich lächeln uns an, nehmen uns feste in den Arm, alles richtig gemacht.

Am Abend des Tages weise ich eine FETTE Spende an für das Taubenhaus, das es in unserer Stadt gibt. Danke, Jolanda. Mein Mann und ich wollen dann vielleicht doch mal nach Venedig, die Liebe feiern…

NATÜRLICH gibt es Elfen!

Du glaubst, ich spinne? Nein, nein, es gibt wirklich Elfen, zumindest im Tierreich, ich kann es beweisen!

Es ist ein schöner Sommertag im Juli des Jahres 2017. Wie so oft sitze ich mit einer Tasse Kaffee in meinem gemütlichen Balkonsessel und lasse die Seele baumeln. Natürlich kommt Ferdinand täglich vorbei und holt sich seine Nahrung aus den Fuchsien, die nur für Ferdinand jedes Jahr auf unserem Balkon blühen. Zum besseren Verständnis sollte ich wohl sagen, dass Tiere bei uns immer Namen bekommen. Ferdinand ist sozusagen jede Hummel. Alle Tauben heißen Jolanda, alle Bienen Elfriede, Spinnen heißen Henriette und Meisen Werner.

Auf einmal, ich bin ein bisschen erschrocken, schwirrt ein riesengroßes Insekt in meinen Geranien herum. Ich habe panische Angst vor Wespen (Wespen sind daher namenlos) und Hornissen, will gerade um mich schlagen, damit das Monster lieber den fetten ungepflegten Nachbarn sticht, der grundsätzlich rülpsend über den Hof läuft, als mich – und halte inne…

Ich habe so ein Tier noch nie im Leben gesehen. Wie zauberhaft ist das denn? Es sieht original aus wie ein Kolibri, ein bisschen kleiner vielleicht, aber sonst genau so. Das noch namenlose Tier schwebt mit tausend Flügelschlägen pro Sekunde über der blühenden Geranie und saugt mit einem winzigen Rüsselchen Nektar aus der Blume. Es stört sich auch nicht daran, dass ich mit großen Augen davorstehe und zuschaue. Ich kann mich zwar kaum losreißen von dem wunderbaren Anblick, muss aber mal schnell in die Wohnung, mein Handy holen. Tatsächlich gelingt mir nach mehreren Versuchen, meinen vor Aufregung zitternden Händen geschuldet, eine halbwegs vernünftige Aufnahme.

Was war denn das für ein Wesen aus einer anderen Welt? Ich konnte nicht im Internet nachlesen an dem Tag, ein Tierlexikon gibt es nicht in unserem Haushalt. So schickte ich meinem Bruder Uwe, der Tiere ebenfalls über alles liebt und sehr viel weiß, eine WhatsApp mit dem Foto. Es vergingen nur wenige Minuten, da rief mein Bruder mich an. Petra, was du da gesehen hast, ist ein

Taubenschwänzchen, ein Kolibri, der ein Schmetterling ist. Ich beneide dich GLÜHEND! Habe mir immer gewünscht, diese Tierelfe mal persönlich zu treffen, seit Jahren, aber nix. Komisches Tier, fliegt lieber zu Petra auf den kleinen Balkon als hier in unseren wunderbaren riesengroßen Garten.

Hihi, ich lächele, ist jetzt nicht so, dass mein Bruder jemals im Leben Grund gehabt hätte, auf mich neidisch zu sein, aber heute ist er es, mmmhhh, irgendwie süß. Es ist so, dass mein Bruder finanziell sehr gut gestellt ist, in einem wunderschönen Haus lebt, dabei bescheiden und tierlieb vor sich hinlebt wie immer. Seit Jahrzehnten macht er mit seiner Frau Angela einmal im Jahr eine Traumreise, über sechs Wochen. Die beiden waren in Australien, Neuseeland, Südamerika, Afrika, Asien, überall. Sie reisten um die ganze Welt, mehrfach, um Tiere zu sehen, Kiwis und Gelbaugenpinguine in Australien, Kängurus und Koalas in Neuseeland, Alpacas und Flamingos in Südamerika, Elefanten und Nashörner in Afrika, Eisbären und Berggorillas in Asien. Sie waren sogar mal auf den Galapagos-Inseln, exklusiv mit ein paar Wissenschaftlern, und durften Bekanntschaft mit der Galapagos-Riesenschildkröte machen. Der Vollständigkeit halber erwähne ich auch noch, dass Schwimmen mit Delfinen und Tauchen mit Walen natürlich auch einige Male auf dem Programm stand. Ich habe mich immer sehr gefreut für meinen Bruder und meine Schwägerin, bekam auch jedes Jahr alles präsentiert per Fotos und Videos, so dass ich quasi alles miterleben durfte.

So, und dieser Bruder ruft nun jeden Tag an, Petra, ist das Taubenschwänzchen wiedergekommen? Machst du bitte mal ein Video mit dem Handy? Ich habe das Angela erzählt, die dreht auch fast am Rad vor Neid. Was hast du es gut, dass die Elfe der Lüfte deine Geranien mag!

Äääh… ja…., da bin ich jetzt schon ein bisschen stolz, dass ich meinem Bruder in Sachen Tiere mal was voraushabe. Auch mein Mann ist sehr verliebt in dieses schöne Insekt, das uns täglich besucht. Es heißt jetzt Antje. Wir haben 2021, dieses Jahr habe ich Antje noch nicht gesehen, aber wir haben ja auch erst Juni, nicht Juli. Ansonsten kommt Antje seit 2017 jedes Jahr zu uns (nicht zu Uwe & Angela, hehehe *grins*). Die Geranien blühen, mein Mann und ich decken schon mal den Kaffeetisch, Antje lässt sicher nicht mehr lange auf sich warten.

Und, glaubst du immer noch, dass ich spinne?

Andrea

So süß, die Kinder hocken auf dem Boden, zwischen ihnen wuselt ein kleines schwarzes Meerschweinchen über den Teppich. Meine Stieftochter **A**lexandra ist elf Jahre alt, mein Stiefsohn **B**enjamin neun Jahre. Das Meerschweinchen heißt Andrea und ist ziemlich genau zwei Monate alt. Alexandra strahlt über's ganze Gesicht. „Mama, das ist so ein schönes Geschenk, und für den besonderen Anlass, und weil du jetzt wirklich unsere Mama bist.". Ich schmunzele und gehe nach meinem Sohn **C**arsten schauen, neun Monate alt, dem Halbbruder von Alex und Benni.

Einen Monat zuvor hatte ich den Vater der Kinder kirchlich geheiratet, die standesamtliche Trauung lag bereits ein Jahr zurück. In der Zwischenzeit hatten wir mit Carsten unser  Alphabet komplettiert. Mein Mann und ich wollten gern, dass die drei Kinder ein besonderes Geschenk zu diesem feierlichen Anlass bekamen. Wir entschieden uns, dem Haustierwunsch der Kinder nachzugeben und kauften das kleine Meerschweinchen.

Die Freude der Kinder war riesengroß. Ich weiß nicht mehr, wer das Tierchen „Andrea" getauft hat, es war auf jeden Fall ein Weibchen, von daher passte es.

Das Meerschweinchen lebte viele Jahre in unserer bunten glücklichen Patchwork-familie. Es quiekte vor Freude, wenn wir heimkamen, mümmelte genüßlich an den Salatblättchen und war vollkommen handzahm. Irgendwann dachten wir, vielleicht möchte Andrea auch mal Mama werden? Wir kauften ein kleines Böckchen namens Digger hinzu. Die beiden mochten sich auf Anhieb, hach! Es kam, wie es kommen musste, Andrea hatte auf einmal ein kleines Bäuchlein. Wir bereiteten den Kreißsaal vor, konnten es kaum erwarten.

Eines Morgens, ich vergesse diesen Morgen nie, kam mein Mann ins Schlafzimmer, weinend, und weckte mich. „Petra, Andrea ist tot, sie hat die Geburt ihrer Babys nicht überlebt, auch kein einziges Baby!". Entsetzt stand ich auf und schaute in den Käfig. Ein winziges totes Baby lag in der Streu, die tote Andrea daneben, mit einem weiteren Winzling, der wohl im Geburtskanal steckengeblieben war. Was haben wir geheult! Ganz vorsichtig teilten wir den Kindern am Frühstückstisch mit, was geschehen war. Natürlich haben sie auch geweint. Wir gingen in den nahegelegenen Wald und buddelten ein kleines Grab für unser liebes Tier und ihre Kleinen.

Eine Zeitlang hatten wir noch etwas Freude an Digger, er wurde leider nie so zahm wie Andrea. Wir überlegten, dass der arme kleine Kerl doch vielleicht auch nicht für immer allein sein mochte. In der Zeitung las ich von einem wahren Meerschweinparadies in der Nachbarstadt, mit vielen „Bewohnern". Eine gute Idee war geboren! Ich machte einen Termin bei meinem langjährigen Tierarzt aus. Das Tierchen sollte natürlich durchgecheckt werden, bevor ich es abgab in sein neues Zuhause. Es war an einem Dienstag im September, Digger und ich fuhren in die Praxis. Der Tierarzt holte Digger aus der Transportbox und steckte dem armen Kerlchen ein Fieberthermometer in den Popo.

Ja, und das ist schon das Ende der Geschichte, Digger hat dies leider nicht überlebt. Er starb mit normaler Körpertemperatur von 36,5 °C. Der Arzt und ich schauten uns fassungslos an, er entschuldigte sich tausendmal, erklärte mir, dass es in ganz seltenen Fällen vorkommt, dass so ein kleines Tier einen Schock erleidet bei der Prozedur des Fiebermessens. Traurig fuhr ich heim.

Zu Hause habe ich nur meinem Mann die Wahrheit gesagt. Den Kindern erklärten wir, dass Digger jetzt sehr glücklich im Meerschweinchenparadies lebt und sogar schon eine Freundin hat, die zufällig Andrea heißt. Die Kinder strahlten und waren sehr zufrieden. Statt neuer Meerschweinchen zogen einige Wochen später zwei Zwergkaninchenmädchen bei uns ein, die glücklich und zufrieden bei uns sehr alt werden durften.

Auf der anderen Seite

Balou, ein hübscher weißer Terrier mit goldbraunem Köpfchen, rennt voller Freude über die immergrüne Wiese.
Wuff, was für ein schöner Tag, und hier riecht es so gut!

Mit großem Eifer buddelt er in den Mauselöchern nach Leckerchen – und wird wie immer fündig. Vater Maus, der mit seiner Familie gemütlich in der Hängematte schaukelt, sagt: "Na, Balou, bist du wieder auf der Suche nach den besten Bröckchen?" "Ja klar, du weißt doch, meine liebe Aimy ist rund um die Uhr mit unseren süßen Welpen beschäftigt, da möchte ich sie jeden Tag auf's Neue verwöhnen." „Das verstehe ich gut", sagt der Mäusepapa schmunzelnd, „und hier in unserer Welt ist ja zum Glück alles möglich."

„Das ist wahr." Balou grinst. „Aber weißt du, was mir manchmal Sorgen bereitet?" „Nein?" Balou legt sich vor die Hängematte mit der Mäusefamilie und schaut Papa Maus in die Augen. „Manchmal halte ich inne, beim Spielen, Fressen, Freuen und Glücklichsein, weil ich spüre, dass mein Papa um mich weint." „Oh je, das ist nicht schön, er müsste doch wissen, dass es dir hier auf der anderen Seite deutlich besser geht als in den letzten Monaten auf Erden, oder?" „Sicher, aber ich kann es ihm ja nicht wirklich erzählen."

Papa Maus überlegt. „Du, ich habe eine Idee", macht er Balou Mut. „Geh doch mal bitte drei Wolkenwiesen weiter, da steht die Bella mit ihrem Kälbchen Marie, die hat mir mal eine Geschichte über einen wilden Terrier erzählt, über die sie heute noch lachen muss! Klingelt da was bei dir?" Balou macht einen Satz. „Oh ha, ich glaube, ich weiß, was du meinst, mit dieser Geschichte möchte ich mich ja eigentlich nicht rühmen, ich fand es eher peinlich, aber gut, wenn ich dem Papa damit eine Freude machen kann. Passt du auf meine Liebesgaben für Aimy auf?" „Natürlich, mein Freund, flitze mal los, und – ganz wichtig – du musst Bella liebevoll beschnüffeln, damit eure Gedanken auf der Erde landen!" „Danke, Papa Maus, das mache ich, hört sich nach einer sehr guten Idee an!"

Etwas aufgeregt marschiert Balou über die bunte Blumenwiese, begrüßt freudig die Ferkelchen, die sich quietschend in einem Schlammloch wälzen, und hält Ausschau nach Bella.
Wuff, das ist aber eine hübsche Kuh, und die kleine Marie hat schwarz-weiß-braune Flecken, wie süüüüß!

Bella hebt ihren Kopf, strahlt und ruft freudig: „Ha, Bursche, dich kenne ich doch! Weißt du noch, damals?" „Ja, ja", antwortet Balou leicht beschämt, „warte, ich komme zu dir." Vorsichtig tapst der kleine Terrier auf die Weide, das Gras ist deutlich höher als er, aber in dieser Welt kann ihm nichts passieren. Bella und Balou stupsen zärtlich ihre Näschen aneinander, bis vor ihren Augen Bilder erscheinen…

Vor Jahren sah Balou zum ersten Mal im Leben Kühe auf der Weide und war furchtbar aufgeregt.
Wau wau wau, was sind das denn für Bestien? Denen werde ich aber mal zeigen, wer hier der Chef im Ring ist!

Voller Eifer wollte er mitten in die Kuhherde springen, zu doof, dass ein für kleine Vierpfoter nicht erkennbarer Wassergraben zwischen ihm und der „Beute" lag.
PATSCH landete er mit Schwung in einem Meer von schwarzem, stinkendem Schlamm und versank.
Jaul, Hilfe, blubb…

Sein Papa sprang, ungeachtet eigener Gefahren, hinter ihm her und fischte ihn aus der Brühe. Dem weißen Fell hatte der Ausflug nicht so gutgetan!

Balou blickt durch das magische Fenster. „Schau mal, Bella, die Mama zeigt dem Papa die Fotos, und beide kichern. *Wuff!* Toll, vielen Dank für die Erinnerung!" Beruhigt macht sich Balou wieder auf den Weg. „Papa Maus, danke, das hat wunderbar funktioniert, Mama und Papa mussten sich vor Lachen die Bäuche halten, keine Spur von Tränen mehr." Der Mäusevater lächelt weise. „Hier, deine Leckerchen, liebe Grüße an Aimy und bis bald." Balou schnappt sich sein Täschchen mit den köstlichen Hundekeksen und spaziert ruhig über die weiche Wiese.
Wuff, die Aimy wird Augen machen!

Kurz vor seiner gemütlichen Für-Immer-Zu-Hause-Höhle trifft er am Würstchenbaum seinen Kumpel Berry, der sein volles Bäuchlein in die Sonne hält. „Hallo Berry, was machst du denn hier so ganz allein?" Berry seufzt. „Ach, ich brauchte mal ein paar Minuten für mich, meine Riesenclique macht wie immer Party, und Jenny mit unseren acht Flauschbällchen ist auch nicht

unbedingt der Ruhepol. Ich denke gerade darüber nach, ob unsere Mamas und Papas wohl wissen, dass sie unzählige süße Enkelchen hier oben haben." „Bestimmt", ist sich Balou sicher, „wir schicken so oft liebevolle Gedanken zur Erde hinunter, da kommt garantiert was an!" „Das hoffe ich doch sehr", antwortet Berry. „Und du bist bestimmt unterwegs zu Aimy und deinen süßen Rackern, was?" Balou nickt, das Mäulchen voll mit einer Portion vom Würstchenbaum, und will gerade weitergehen, als er einen kleinen Stich in seinem Herzchen spürt. „Oh nein, jetzt ist auch die Mama gerade traurig in Gedanken an unsere schöne gemeinsame Zeit..."
Wuff, was mache ich denn nur, winsel?

Er schaut ein wenig bange durch das Zauberfenster. „Berry, sieh mal, meine Mama setzt sich an diesen Kasten und lässt ihre Finger eifrig wandern, sie sieht gleich viel fröhlicher aus. Ich glaube, sie schreibt unsere Geschichte auf!"

Mama, ich freue mich, hoffentlich kannst du vielen Menschen Trost und Hoffnung schenken, die um ihre treuen Lebens-begleiter trauern. Keine Angst, ihr Frauchen und Herrchen dort unten, uns geht es großartig auf „der anderen Seite", wir sind für immer und ewig hier und warten auf euch, WUFF!

Das Jahr 2020

Ein Jahr der Angst, ein Jahr des Klagens
Grau, verlassen, schwer.
Ein Jahr des Hoffens und des Wagens,
wir sind doch auch noch Wer.

Ein Jahr der Alten und der Kranken,
nicht alle sind mehr hier,
dahingerafft von einer Seuche,
ein Weniger an Wir.

Ein Jahr der Helfer und der Macher,
Gedanken, die sind frei.
Ein Miteinander, wirklich wichtig,
hält uns den Rücken frei.

Ein Jahr der Sorgen und der Nöte,
wie wird es weitergeh'n?
Für and're da sein und sie tragen,
dann wollen wir mal seh'n

wer doch am Ende dieses Jahres
den Sieg nach Hause trägt,
mit vielen klitzekleinen Schritten
am Stuhl des Unbills sägt.

Ein Jahr des Weinens und Verdrängens,
wo ist der Mut nur hin?
Wofür denn Kämpfen, Weitermachen?
Vielen fehlt der Sinn.

Ein Jahr der Liebe und der Freundschaft,
was bleibt am Ende gar?
Dass dieses Jahr bei all der Trauer
trotzdem ein Schönes war.

Zeitfracht Medien GmbH
Ferdinand-Jühlke-Straße 7
99095 Erfurt, Deutschland
produktsicherheit@kolibri360.de